建筑施工法律风险防范手册

主　　编　吴险峰

编委会成员　何军伟　边尔伦　陆华勇

段少林　刘　艳

U0330708

中国建筑工业出版社

图书在版编目(CIP)数据

建筑施工法律风险防范手册／吴险峰 主编．—北京：中国建筑工业出版社，2012.9
ISBN 978-7-112-14620-8

Ⅰ. 建… Ⅱ. ①吴… Ⅲ. ①建筑法—中国—手册
Ⅳ. ①D922.297-62

中国版本图书馆CIP数据核字（2012）第201280号

责任编辑：王雁宾 常 燕

建筑施工法律风险防范手册
吴险峰 主编
*
中国建筑工业出版社出版、发行（北京西郊百万庄）
各地新华书店、建筑书店经销
中天建设集团有限公司制版
广州市一丰印刷有限公司印刷
*
开本：850×1168毫米 1/32 印张：3⅞ 字数：97千字
2012年9月第一版 2013年6月第二次印刷
定价：**28.00** 元
ISBN 978-7-112-14620-8
（22695）

序　言

建筑行业是法律纠纷多发的行业，其特点是涉案主体多、涉案标的额大、涉案客观因素复杂等。因此，作为建筑市场主体的施工企业做好法律风险预控，不但可以顺利实现经营目标，而且可以有效地定纷止争。

当前，一些施工企业管理者尤其是项目现场一线管理人员的法律风险意识还比较薄弱，无法及时甄别、防范项目承接、履约过程中的法律风险。

为提高施工企业管理人员的法律风险意识，本书编者对工作中遇到的典型法律风险及相关的风险防范措施进行总结和提炼，适合于施工企业管理者、项目现场一线管理人员阅读。本书具有以下特点：

一、**针对性**　本书共分为三大部分——上篇、下篇及附件。上篇主要讲述项目承接、项目经理管控、施工合同的法律风险防范，下篇主要讲述项目履约过程中的法律风险防范，附件主要为上下篇法律风险防范提供参考范本。

二、**易懂性**　本书语言平实，未摘录复杂繁冗的法律条文，而是采用情景漫画的形式讲述各阶段的主要法律风险及防范手段，通俗易懂。

三、**实操性**　本书第三部分即附件，为读者在项目经营及管理过程中提供了多个法律风险防范范本，可供工作中参考直接使用。

最后，期待本书对提高施工企业人员的法律风险意识、规范施工企业的风险管理有的裨益。

住房城乡建设部法规司司长：

二〇一二年八月六日

目 录

建筑施工法律风险防范手册（上篇）

上篇主要讲述建设工程施工合同签订前及签订过程中应注意的法律风险，包括项目承接、招投标程序、项目经理管控、黑白合同签订等问题及风险防范手段。

建筑施工法律风险防范手册（下篇）

下篇主要讲述建设工程项目履约阶段应注意的法律风险，包括工期违约、工程款债权、签证索赔、工程质量、分包转包、劳务管理等问题及风险防范手段。

附 件——参考范本

参考附件主要为预防本手册中所述的法律风险提供管理方法或预防措施的范本，其中包括法律风险评价表、经济签证单、工期顺延申请表、索赔函、回执单等格式范本。

建筑施工法律风险防范手册（上篇）

I

建筑施工项目事前的法律风险防范

项目前期法律风险防范口诀

项目承接风险多，业主资信要调查；
前期手续很重要，关乎项目合法性；
招标投标要合法，否则合同会无效；
项目经理甄别细，内部管控要加强。

i 建设单位资信、项目前期手续的法律风险管控

建设单位资信调查的认知

投标前对建设单位进行资信调查的必要性
应调查建设单位是否具有开发资质、履约能力、资金实力及诚信度等，预防合同不能顺利履行。（调查内容详见附件《ZTQJ-FW-01》）

建设工程项目手续合法性的认知

X X X 规划局
施工单位投标前，是否有必要了解开发项目的手续是否办理？
中标通知书
非常有必要，项目手续决定项目开发是否合法，影响将来与建设单位签订合同的效力。（调查内容详见附件《ZTQJ-FW-02》）

ii 建设工程招投标的法律风险管控

建设工程招投标过程中的注意事项

招投标过程中有哪些行为属于违法、违规现象?
3.“串通投标”
4.“实质性议价”
1.有的地方，明明是依法必须进行投标的项目，但是地方政府没有控制，建设单位直接与施工单位签订施工合同.
2 建设单位没有严格按照招投标法走招投标程序，招投标程序存在瑕疵.
主持人

建设工程强制招投标范围的认知

××工程招标办公室
保障房、经济适用房、商品住宅必须进行招投标吗？
必须进行招投标，必须招标的工程范围详见《工程建设项目招标范围和规模标准规定》。

强制招投标工程未招投标的法律后果认知

招投标主管部门
必须进行招投标的商品住宅工程没有招投标或招投标无效会怎样呢？
中标通知书
中标无效，合同无效，未经招标的商品住宅工程，承接需慎重。

中标通知书法律效力的认知

收到中标通知书，合同成立。若建设单位改变中标结果，另行落实施工队伍，应承担赔偿责任。
中标通知书有用吗？
主持人
招标现场
投标人
投标人

ⅲ 项目经理的法律风险管控

项目经理管控的主要事项

可采用内部承包模式，1、施工单位必须与项目经理签订劳动合同，缴纳社保；2、施工单位必须按时给项目经理发放工资，制作工资表；3、项目经理具备的证书转到施工单位；4、施工单位对工程的人员、资金、技术、设备提供支持，留存书面资料。风险控制表详见附件《ZTQJ-FW-03》”
XXX律师事务所
如何避免挂靠、出借资质的法律风险？

完善内部承包制的认知

1、引进项目经理时，对项目经理的资产、债务、诚信度进行详尽的资信调查；2、签订承包责任书，并要求项目经理提供履约担保；3、对项目经理资金进行过程控制(详见附件《ZTQJ-FW-04》)。
如何完善内部承包的管理？
内部承包制度

Ⅱ 建设工程合同签约的法律风险防范

建设工程合同法律风险防范口诀

黑白合同风险多，实质条款要一致；
备案合同签在前，补充协议签在后；
实质条款主观变，变更备案不可少；
合同条款细评审，参考附件五预控。

i 黑白合同的法律风险管控

签订备案合同的注意事项

备案合同应当注意什么？
1. 备案合同必须与招投标文件主要内容一致
2. 备案合同的条件应当优于或等于实际履行合同的条件。

签订施工合同补充协议的注意事项

1. 签订补充协议
时应当在该协议中明确
其背景情况及必要性.
2. 补充协议对原合同
内容有重大变更的应当
到当地主管部门备案,
当地主管部门
拒绝备案的除外.
如何使签订的"补充协议"
被认定无效的风险最小?

ii 建设工程合同的条款的法律风险管控

约定工程范围条款的注意事项

工程范围条款应注意什么？
1. 约定工程的承包范围应当做到具体、明确，避免含糊、矛盾。使用的文字应当与行业惯例、规范保持一致。
2. 明确工程范围所依据的图纸名称和出图日期，并将该图纸作为合同附件，由双方签字盖章。
设计图

约定质量条款的注意事项

避免将奖项作为质量标准，应作为奖惩标准，不宜约定一次性验收不合格即罚款的条款。
工程质量条款应注意什么？

约定价格条款的注意事项

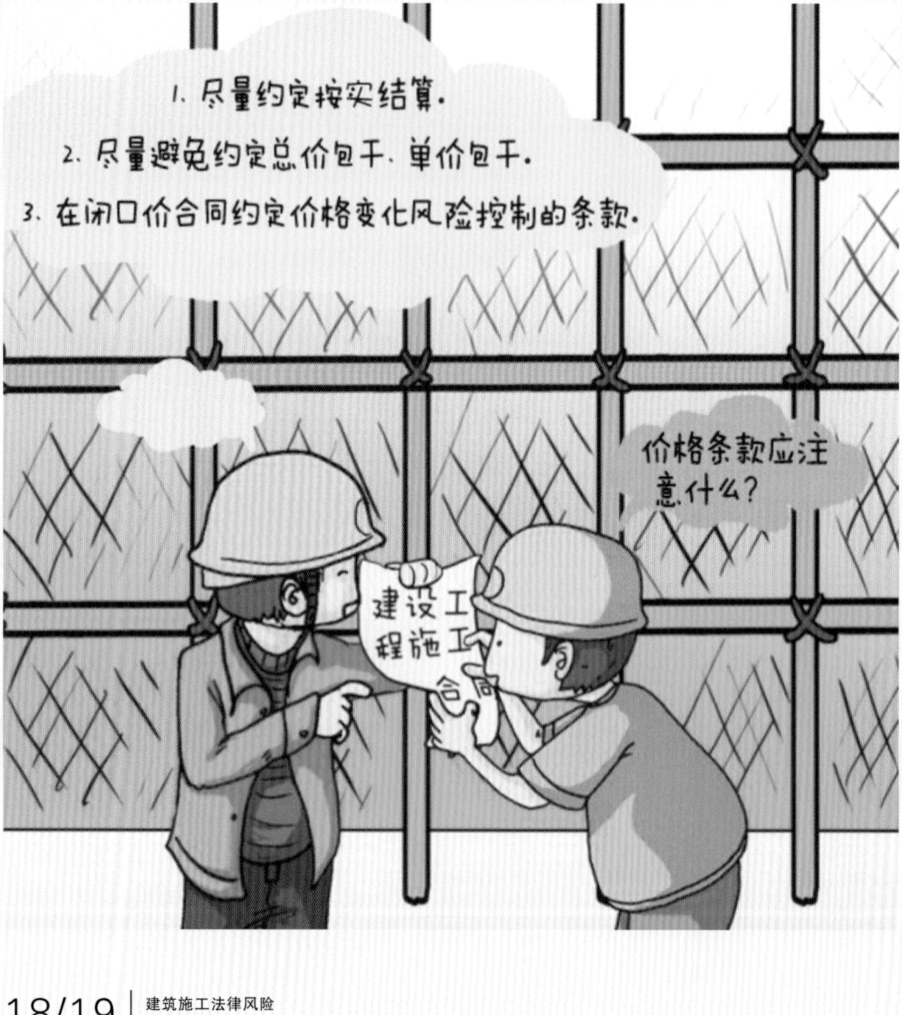

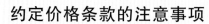

约定工期条款的注意事项

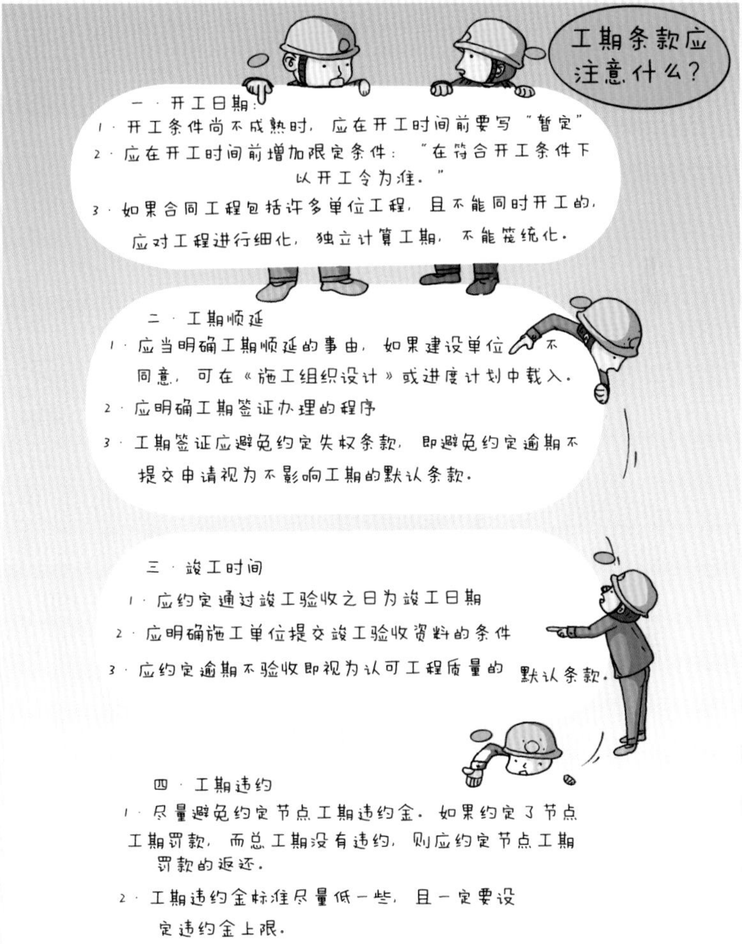
工期条款应注意什么？
一·开工日期：
1·开工条件尚不成熟时，应在开工时间前要写“暂定”
2·应在开工时间前增加限定条件：“在符合开工条件下以开工令为准。”
3·如果合同工程包括许多单位工程，且不能同时开工的，应对工程进行细化，独立计算工期，不能笼统化。
二·工期顺延
1·应当明确工期顺延的事由，如果建设单位不同意，可在《施工组织设计》或进度计划中载入。
2·应明确工期签证办理的程序
3·工期签证应避免约定失权条款，即避免约定逾期不提交申请视为不影响工期的默认条款。
三·竣工时间
1·应约定通过竣工验收之日为竣工日期
2·应明确施工单位提交竣工验收资料的条件
3·应约定逾期不验收即视为认可工程质量的默认条款。
四·工期违约
1·尽量避免约定节点工期违约金。如果约定了节点工期罚款，而总工期没有违约，则应约定节点工期罚款的返还。
2·工期违约金标准尽量低一些，且一定要设定违约金上限。

约定工程款支付条款的注意事项

工程款支付条款应注意什么？
2、尽量避免约定付款的附加义务。
1、约定款项的支付时间必须明确。

约定结算条款的注意事项

结算条款应注意：
1、设定合理的审价期限，争取设置逾期不回复即视为默认送审价的条款。
2、争取设置提交结算资料逾期不回复即视为默认完整性的条款。
3、结算审价时间与结算款支付时间相加不宜超过竣工日期的6个月。

约定保修金条款的注意事项

1、保修金支付时间应约定明确，避免约定为保修期满**年支付；
2、注意保修责任的范围。
保修条款应注意什么？
保修金条款

约定分包条款的注意事项

1、总包合同中要列明总承包范围。
总包合同
管理费
分包条款应注意什么？
2、尽量不使用“管理费”的字眼而使用“配合费”，约定合理的配合条件。

约定合同解除条款的注意事项

约定争议解决条款的注意事项

3. 如果选定仲裁解决，则必须明确到哪一家仲裁
4. 尽量选择对施工方有利的法院或者仲裁委
1. 尽量约定协商解决
2. 当协商解决不成时，法院管辖和仲裁委管辖不得同时选择适用，必须确定一个
争议解决条款应注意：
××××
法律咨询
×××××

约定法院管辖条款的注意事项

如何约定在发生纠纷时向哪个法院起诉？
当事人可以在合同中约定向被告住所地、施工行为地法院起诉。
×××法院

约定合同修改条款的注意事项

XXX施工合同
甲方：XXXXXXXX
XXXXXXXXXXX
乙方：XXXXXXXX
XXXXXXXXXXXX
合同专用章
合同专用章
合同中约定：本合同以打印稿为准，如有增减应由双方盖章确认。
在修改合同条款时应注意什么？

建筑施工法律风险防范手册（下篇）

Ⅲ 工程质量的法律风险防范

工程质量法律风险防范口诀

严按图纸来施工，技术规范不能丢；

材料配件要合格，设计缺陷应声明；

指定分包要关注，质量问题需发函；

验收资料要齐全，验收意见应明确；

交付工程未验收，移交不能缺记录。

i 建设单位承担质量责任的法律风险管控

建设单位承担质量责任的认知

建设单位是否在任何情况都不承担质量责任?
不是，若建设单位提供的设计有缺陷，或供应、指定购买的材料、设备不符合强制性标准，建设单位需承担相应的质量责任。

固定建设单位质量责任证据的注意事项

应及时留存设备、材料不合格、指定分包工程不合格的书面证据，向建设单位发函说明问题，保留签收记录（参考附件ZTQJ-FW-22）。
面对建设单位的质量责任施工单位应如何做?

工程未经竣工验收建设单位擅自使用的质量责任的认知

工程未经竣工验收，
建设单位擅自使用，施工
单位是否承担质量责任？
施工单位不承担质
量瑕疵责任及质量保修责任
但在工程的合理使用寿命内对
地基基础工程和主体结构
质量仍承担质量责任

未经竣工验收要求移交工程的注意事项

工程未经竣工验收建设单位擅自使用，如何处理？
宣传栏
须与建设单位做好工程移交记录，明确工程移交范围及移交时间。（参考附件《ZTQJ-FW-10》）

ii 施工单位质量管理的法律风险管控

建设工程施工的注意事项

1. 严格按施工图纸及技术规范进行施工；
2. 使用检验合格的材料、设备、构配件；
3. 做好各分部、分项、隐蔽工程的验收记录。
XX设计图
施工单位应如何保证工程质量？

Ⅳ 工期违约的法律风险防范

工期违约法律风险防范口诀

工期违约成本高，风险意识要加强；
开工报告很重要，时间填写须重视；
工期出现延误时，顺延申请很必要；
工期顺延未办理，竣工时间要变更；
竣工验收要申请，送达签收要记录；
验收报告核时间，勿比申请时间晚。

i 开工阶段工期的法律风险管控

确定开工时间的注意事项

工程的开工时间如何确定？
开工时间一般以建设单位、施工单位、监理单位三方单位盖章的《开工报告》为准。（参考附件《ZTQJ-FW-06》）
奠基

顺延开工时间的注意事项

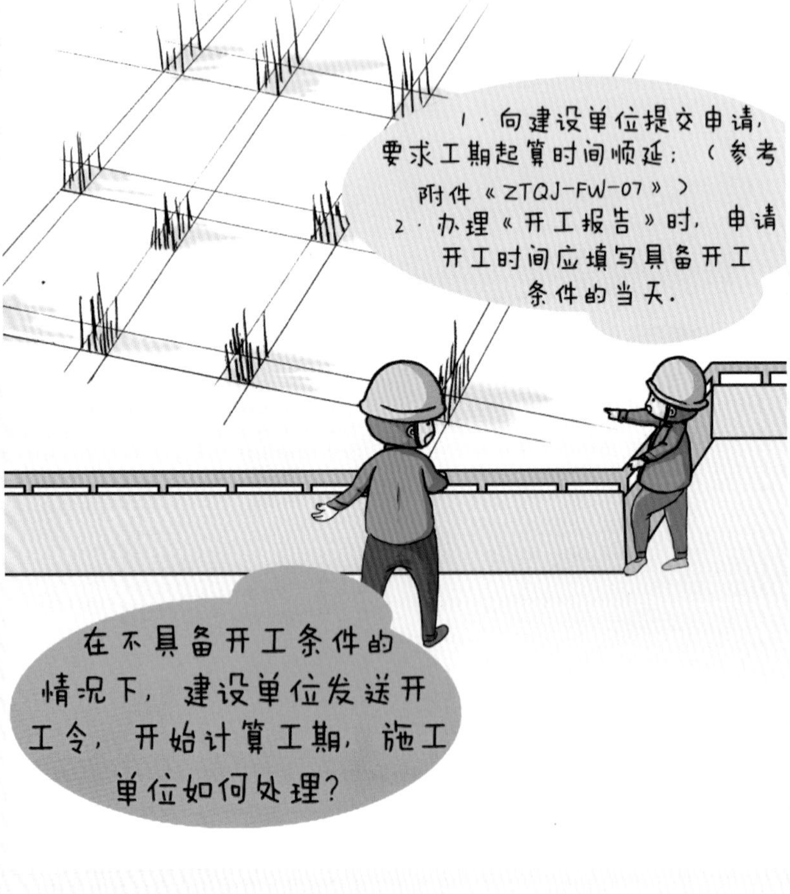
1. 向建设单位提交申请，要求工期起算时间顺延；（参考附件《ZTQJ-FW-07》）
2. 办理《开工报告》时，申请开工时间应填写具备开工条件的当天。
在不具备开工条件的情况下，建设单位发送开工令，开始计算工期，施工单位如何处理？

ii 施工阶段工期的法律风险管控

工期延误的应对措施

非乙方原因导致工期延误，施工单位如何处理？
应当向建设单位书面申请工期顺延。（详见附件《ZTQJ-FW-08》

办理工期顺延的注意事项

按约及时提交顺延工期申请，申请顺延的天数、理由应明确，留存签收记录。
工期顺延申请
办理工期顺延申请，应注意哪些问题？

未办理工期顺延的应对措施

若未办理工期顺延申请或无法通过工期签证计算顺延时间，施工单位如何处理？
需与建设单位协议变更节点工期或变更竣工时间。（详见附件《ZTQJ-FW-08》）
×××宣传
协议书

ⅲ 竣工阶段工期的法律风险管控

确定竣工时间的认知

工程的竣工时间如何确定？
有约定，按约定，有争议的：
1. 工程竣工验收合格的，验收合格之日为竣工日期；
2. 已提交竣工报告，建设单位拖延验收的，以提交报告之日为竣工日期；
3. 未验收建设单位擅自使用的，以工程移交之日为竣工日期
（参考附件《ZTQJ-FW-10》）。

竣工验收的注意事项

1、按约及时提交竣工报告及竣工资料，留存签收记录；
2、注意竣工验收表中的验收日期应与实际验收日期一致。
竣工验收应注意哪些问题？
竣工报告

V

工程款的法律风险防范

工程款法律风险防范口诀

工程款项关系大，自始至终要重视；

合同约定预付款，收款以前慎开工；

进度款项要申请，送达签收要记录；

业主付款不按约，书面催款不可少；

无法正常施工时，考虑行使停工权；

结算报告及时送，签收记录要规范；

业主故意拖结算，防止优先权过期。

i 开工阶段工程款债权的法律风险管控

不支付预付款的应对措施

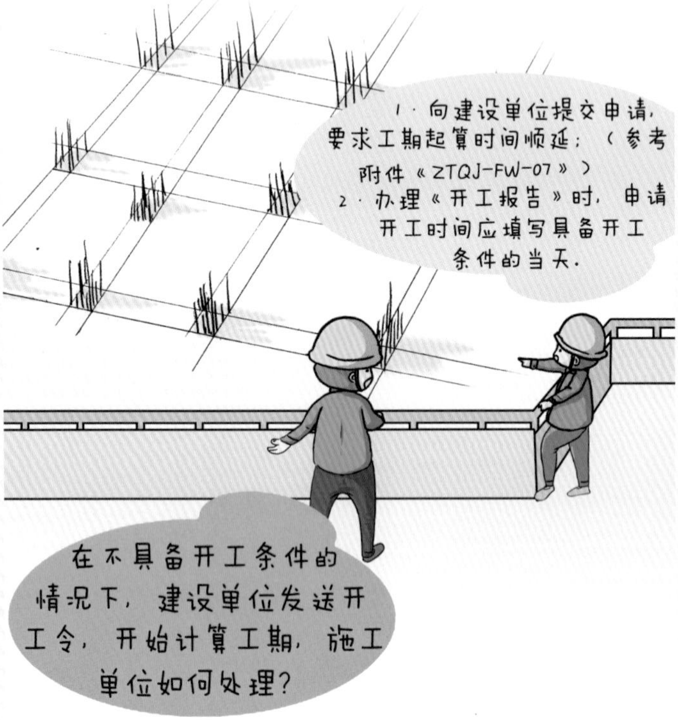

1. 向建设单位提交申请，要求工期起算时间顺延；（参考附件《ZTQJ-FW-07》）
2. 办理《开工报告》时，申请开工时间应填写具备开工条件的当天。
在不具备开工条件的情况下，建设单位发送开工令，开始计算工期，施工单位如何处理？

申请支付预付款的注意事项

向建设单位申请支付预付款，应注意哪些问题？
按约及时提交申请及相关资料，留存签收记录。

ii 施工阶段工程款债权的法律风险管控

不支付进度款的应对措施

施工阶段，建设单位不支付进度款，如何处理？
1、向建设单位发送催款函，做好建设单位接收函件的签收记录。（参考附件《ZTQJ-FW-12》）
2、当拖欠进度款导致无法正常施工时，应考虑发送停工通知书（详见附件《ZTQJ-FW-13》）做好建设单位接收函件的签收记录；
3、当施工单位停工后，建设单位仍然拖欠进度款导致合同无法履行时，应发送解除合同通知书。（详见附件《ZTQJ-FW-14》）

申请进度款的注意事项

向建设单位申请支付进度款，应注意哪些问题？
按约及时提交申请及相关资料（参考附件《ZTQJ-FW-11》），留存签收记录并索要建设单位的书面审核意见。

iii 结算阶段工程款债权的法律风险管控

办理结算的注意事项

1. 按照合同约定的时间及时提交结算资料、结算报告，做好建设单位接收文件的记录；（参考附件《ZTQJ-FW-15》）
2. 当结算面临争议，应争取对无争议部分先进行确认；
3. 确保结算确认书为双方盖章的原件。
结算书
办理结算应注意哪些问题？

故意拖延结算的应对措施

结算阶段，建设单位拖延结算，拒绝支付结算款，如果处理？
应当结合建设单位的资信、履约情况，考虑通过诉讼途径及时实现工程款优先受偿权，确保结算款能够及时回收。

ⅳ 工程价款优先受偿权的法律风险管控

工程款优先受偿权的认知

什么是工程价款优先受偿权?
优先受偿权是施工单位优先于建设单位的其他债主收回欠款的法定权利.

行使工程价款优先受偿权的注意事项

在什么情况下，施工单位应通过诉讼方式行使工程价款优先受偿权？
建设单位资信不佳，工程可能出现烂尾，或拖延结算即将超过竣工日期6个月。

防范优先受偿权风险的注意事项

如何防范工程价款优先权出现风险？
1. 把控合同出现限制行使优先权的条款，保证施工合同有效；
2. 在建工程在约定的竣工日期起6个月内行使权利，竣工工程在竣工日期起6个月内行使权利。

VI

签证索赔的法律风险防范

签证索赔法律风险防范口诀

签证工程施工前，须有业主指令单；
经济签证按约报，送达签收要记录；
关注签证有效性，争取确量又确价；
索赔事件发生后，双方协商促解决；
无法协商解决时，书面发函不可少；
索赔是否能成功，关键证据得固定。

i 开工阶段索赔的法律风险管控

进场前的注意事项

xxx建设单位
xxx报告
进场前，应注意哪些问题？
1、应征得建设单位的书面同意；（详见附件《ZTQJ-FW-16》）
2、应编制进场报告，将人员、机械材料进场计划列明清楚，送交建设单位审核。

进场后无法开工索赔的注意事项

进场后，非己方原因导致无法正常开工，如何索赔？
1、按约及时提交工期、费用索赔意向书，要求确认现场人、材、机数量（参考附件《ZTQJ-FW-17》）
2、按约及时提交索赔报告及损失的证明文件（参考附件《ZTQJ-FW-18》），留存签收记录。

ii 施工阶段签证索赔的法律风险管控

口头通知实施签证工程的注意事项

建设单位工程师口头通知要求实施签证工程，如何处理？
签证工程施工前，应向建设单位发函，要求书面确认意见（详见附件《ZTQJ-FW-19》）也可办理签证进行报价，确认后再实施签证工程。

办理经济签证的注意事项

1、按约及时提交签证单（参考附件《ZTQJ-FW-20》），留存签收记录；
2、检查办理的签证单是否符合约定的有效条件，如工程师签字、加盖印章等。
办理签证的过程中，应注意哪些问题？

主要索赔事项的认知

施工过程中，主要索赔事项包括哪些？
1、建设单位原因导致工程停建、缓建；
2、建设单位要求加速施工；
3、投标时的材料单价与实际施工期间的单价差异过大；
4、建设单位指令性错误导致施工单位遭受损失等……

办理索赔的注意事项

施工过程中的索赔应注意哪些问题？
积极与建设单位协商，收集工期、费用损失的证据，及时发送索赔函件（参考附件《ZTQJ-FW-17》、《ZTQJ-FW-21》），留存签收记录。

Ⅶ

分包转包的法律风险防范

分包转包法律风险防范口诀

总包合同约定外，专业分包须审批；

分包单位须资质，主体结构禁分包；

指定分包风险多，协议约定很关键；

分包质量与安全，总包一起担责任；

总包必须严管理，多种手段抓分包；

非法转包是禁令，否则面临重处罚；

i 分包的法律风险管控

分包单位再分包的认知

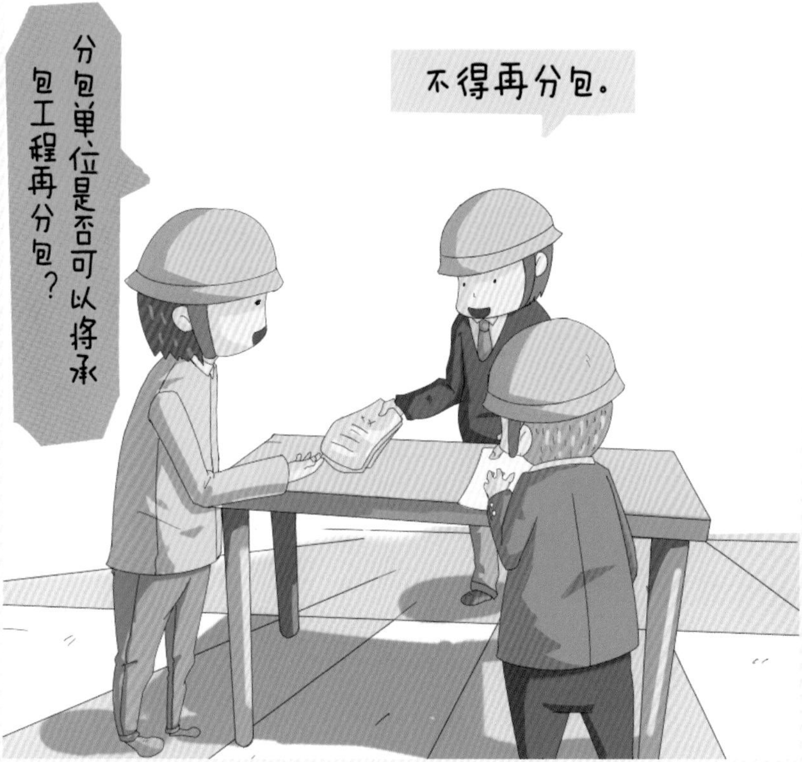
分包单位是否可以将承包工程再分包？
不得再分包。

总包单位合法分包的注意事项

总包单位是否可以随意分包工程?
原则上不得分包，若合同约定或经建设单位批准，可以分包，但主体工程不能分包。

总包单位对分包工程质量、安全责任的认知

总包单位对分包单位分包工程的质量及安全承担什么责任？
承担连带责任，但可在分包合同中约定由分包单位承担质量、安全责任。

ii 转包的法律风险管控

转包的法律风险认知

转包指施工单位将工程全部转包给他人的行为.
转包，合同无效，因转包取得的收益可能会被
没收，甚至面临行政处罚.
什么是转包?
转包有什么法律后果?
执法

Ⅷ 劳务管理的法律风险防范

劳务管理法律风险防范口诀

工人进场一个月，劳动合同须签订；

工资每月及时发，工资记录要保留；

工作时间要合理，考勤记录务忽略；

社会保险依法缴，工伤保险不可少；

班组协议要签订，权责约定应清楚；

阶段进行量对数，及时支付承包款。

i 劳动用工的法律风险管控

(→)

不签订劳动合同的法律后果认知

XXX项目部
必须在一个月内签订书面劳动合同，
否则需从第二个月起支付双倍工资。
工人进场是否必须要签订劳动合同？

支付工资责任主体的认知

施工单位与工人构成事实劳动关系，班组长未及时发放工资，施工单位仍需承担责任。
施工单位将工人工资全部发放给班组长，是否意味着拖欠工资由班组长全部承担责任？

工资支付的注意事项

工人工资为固定工资或计件工资（按承包工程量*单价），如何支付？
固定工资，按月足额支付；计件工资，可约定每月按不低于当地最低工资标准支付，剩余工资待双方结算后支付。

考勤的注意事项

机打考勤记录是否一定能够证明工人的出勤？
不一定，无工人签字确认，工人可以否认。施工单位在每月发放工资时，应要求工人在考勤记录上签字确认。

防范劳动用工法律风险的注意事项

施工单位如何防范劳动用工的法律风险?
1.施工单位必须自建筑工人进场之日起一个月内签订书面合同;
2.做好工人的考勤记录及工人工资的发放记录.
3.每月及时将工资发放至工人手上,避免由组长代领班组工资,若采取基本工资+福利+绩效的模式,每月发放的工资不能低于当地最低工资标准;

ii 班组管理的法律风险管控

班组风险管理的注意事项

1、与班组长提供的有资质的公司签订分包合同；
2、与班组长分阶段核对工程量。
施工企业如何控制班组承包风险？

ⅲ 工伤的法律风险管控

处理工伤事故的注意事项

发生工伤事故后，施工单位一般如何处理？
120
1. 积极协助伤者进行治疗；
2. 若未为其缴纳社会保险，应按法律、法规规定的标准与伤者或家属协商赔偿。"

管控工伤事故的注意事项

施工单位如何减少
工伤事故带来的损失？
安全纪律牌
进入施工现场
必须带安全帽
1.设计完善的安全管理
制度包括项目现场的安全措施、工
人的安全交底制度等，并严格执行；
2.根据当地政策，以项目为单位单独
购买工伤险及团体伤害险。

IX

临时性事件的法律风险防范

临时性事件处理口诀

工伤事故发生后，合理合法来赔偿；
班组协迫要提价，注意方式要合法；
口头通知增工程，提前签证很重要；
地勘报告不准确，费用工期要索赔；
业主若以楼抵款，慎重应对风险源；
甲指材料有质量，履约证据要固定；
乙供材料偏设计，购前对版很关键；
发现设计存缺陷，报请方案及费用；
事件无法全罗列，还靠人人强意识。

i 工伤事故的处理

工伤事故处理的注意事项

发生工伤后，伤者或家属采取过激行为，要求阻拦施工、拉闸停电等无理方式要求高额赔偿，怎么办？
1. 及时报警并联系劳动主管部门，要求劳动主管部门介入处理；
2. 若缴纳工伤险，要求对方向社保部门理赔，施工单位配合申请工伤认定、劳动能力鉴定。”

ii 班组聚众提高单价的处理

班组聚众的注意事项

班组长聚集工人到现场闹事，阻止施工并要求支付工人工资及不合理的承包款，怎么办？
1、对于此行为及时拍照或录像，留存证据并报警，要求公安机关行政拘留带头人员。
2、若施工单位向班组长按约支付承包款，而班组长未及时发放工人工资，数额巨大，以涉嫌拒付劳动报酬罪报案。

iii 地勘报告与现场情况不符增加成本的处理

→

地勘与现场情况不符的注意事项

1、以经济签证单（参考ZTQJ-FW-20）或索赔函件（参考ZTQJ-FW-21）的形式，向建设单位提出经济索赔。
2、若造成工期延误，向建设单位发送工期顺延申请或工期索赔（参考《ZTQJ-FW-08》）。
建设单位提供的地址勘察报告与现场实际情况不符，导致施工单位打桩深度远远超过设计深度，怎么办？

ⅳ 建设单位要求以楼抵工程款的处理

以楼抵款的注意事项

建设单位无法及时支付进度款或结算款，要求以楼抵工程款，如何处理？
1. 当工程处于施工阶段，施工单位应审视市场形势及建设单位的资信实力，垫资压力过大时，考虑暂停施工。
2. 当工程处于结算时，为预防结算尾款无法及时收回，可考虑同意以楼抵款，并及时办理产权登记。
以房抵工程款的协议书

V 建设单位现场代表口头通知实施签证工程的处理

口头通知实施签证工程的注意事项

建设单位现场工程师口头通知，要求实施合同外增加工程，施工单位办理经济签证时，建设单位不认可，怎么办？
力争现场工程师对同意施工的事实进行补签并补充监理单位对工程量确认的书面文件，当工程量巨大双方又无法协商时，可考虑诉诸法律。

vi “甲指乙供”材料出现质量问题的处理

建设单位指定材料的注意事项

针对建设单位提供或指定购买的材料如预制楼梯出现质量问题，使用时应注意什么问题？
2、在无任何产品合格文件或检测不符合强制性标准的情况下，施工单位应向建设单位发函拒绝使用，影响工期的，按照索赔程序进行索赔。
3、使用后发现材料或产品出现质量问题，施工单位应拍照或录像，并向建设单位发函明确责任。
1、施工单位在使用前应要求甲供材料商提供产品合格证等文件，并根据相应的国家标准进行检测；

ⅶ “乙供”材料不符合设计要求的处理

施工单位使用材料的注意事项

在施工前，施工单位
需要求建设单位审核每批次
楼面砖的规格、型号、色彩
是否与设计相符。
未经建设单位审核，
楼面砖颜色与设计不符，
施工单位应汲取什么教训？
XXX设计图

Ⅷ 设计存在缺陷的处理

设计存在缺陷的注意事项

针对建设单位提供的设计图纸有缺陷，施工单位未书面报审，擅自改变施工，导致墙面砖多次脱落，施工单位应汲取什么教训？
1．发现设计缺陷，应及时向建设单位发函明示，并报请新的施工方案及费用；
2．建设单位指令按图施工，应发函明确按图施工的责任承担问题

附　件--参考范本

建设单位资信调查表

序号	项目	内 容	明 细	查询机构
1	建设单位主体问题	企业内部档案、资质证书等	（1）是否为依法成立、有效存续的法人，是否已正常通过最近一年的年检 （2）企业的性质是国有还是私企，是否具有开发项目的资质，资质等级情况 （3）公司的注册资本多少，到位情况 （4）公司的股权构成及股东情况。	工商局
2	建设单位资信实力	企业内部档案、资质证书等	（1）建设单位是否具备项目开发或工程建设相应的资金来源及完成项目开发、支付工程价款的能力； （2）建设单位股东或投资人的实力； （3）建设单位已开发的建设项目的业绩，曾经承建的施工单位的反映。 （4）建设单位近期是否存在过拖欠工程款、货款及其他债务等违约导致诉讼案件的不诚信情况。 （5）建设单位是否存有违反国家法律、法规并受相关行政管理部门处罚的情形，相关处罚有否构成项目开发或工程建设的实质障碍或重大影响。	工商局 建设城市网站 法院 等

ZTQJ-FW-02

建设项目前期手续调查表

序号	项目	内容	明 细	查询机构
1	建设工程前期手续	立项批文、国有土地使用权证、建设用地规划许可证、建设工程规划许可证、土地出让金缴纳凭证等	（1）立项。调查该项目是否需要立项，如需要立项则查清项目是否获得了当地发改委的审批，是否已经准予立项，取得了相关的项目许可批文； （2）规划。查明该项目是否已取得建设用地规划许可证和建设工程规划许可证，是否符合相关规划要求，如设计、环保、消防等要求；尤其要明确规划用地的面积、容积率等；是否取得用地指标。 （3）土地出让金是否已全部缴纳。是否取得了土地使用权证或持有使用土地的批准文件，并确认国有土地使用权证的主体是否与发包人为同一主体； （4）土地使用证。A、查清土地是国有土地还是集体土地，如果是集体土地应查清是否获得土地管理部门批准，是否正在办理土地征用手续；B、开发商获得土地方式：是划拨方式还是出让方式；如果是划拨土地进行商业开发的，应当查清是否已经获得有关部门批准，是否补缴土地出让金。出让取得土地的，查清土地用途是工业用地、住宅用地还是商业用地； ——项目所在土地是否存在他项限制性权利，如有无在建工程抵押情形，抵押资金的使用情况等事实；	规划局 国土局 建设局

ZTQJ-FW-03

项目经理内部承包风险控制表

序号	内 容	备注
1	公司是否与项目经理签订承包责任书	
2	公司是否与项目经理签订劳动合同、缴纳社保	
3	项目经理是否领取工资，公司是否制作工作表	
4	项目经理建造师证是否转到公司	
5	公司是否对项目管理团队发放委任状、公司是否设置账户进行资金监控、是否审核批准审施工方案、项目塔吊、升降机等设备是否登记在公司名下	
法律风险评价		

项目实施过程中项目经理法律风险控制表

项目名称：　　　　　　　　　　　　　　　　　　　　项目经理：

序号	内　容	备注
1	对项目部的各项计划包括进度、成本、质量、安全计划的制定全盘掌握，对现场包括账目进行定期或不定期核查。	
2	掌握收取业主工程款的绝对权，杜绝业主支付的工程款直接进入承包人控制的账户或所谓分公司账户。	
3	严格审查承包人请款，审批合格后付款，财务一定要规范，开出去的支票一定要写抬头。	
4	对总包合同、材料采购合同等重大外部合同中的关键性条款的变更应明确告知第三方以公司盖章确认为准。项目部章应在公司留存印鉴，印章上应刻制“无签约权”的标识。	
5	与主要材料商定期对账制度，包括用料数量、付款情况。	
6	公司对外的直接付款，应要求承包人签字确认，作为将来结算的凭证。	
7	如果承包人管理不善，公司接管前，应锁定承包人安置在现场的人材机现状，避免仓促进场，界线无法划清产生纠纷。	

施工合同主要风险条款评审表

序号	合同主要条款摘要		合同条款评审标准		合同条款具体评审意见
1	备案合同		合同条件	1、备案合同的条件应当优于或等于实际履行合同的条件。	
2	合同工期条款		开竣工日期	1、开工日期不宜单方确认，且开工令应在符合开工条件下发出； 2、竣工日期是否约定明确？不宜以取得备案证书之日定义为竣工日期。	
			工期	1、合同总工期及节点要求是否合理？	
			工期签证	1、工期签证是否明确，是否合理？	
3	工程质量条款		质量标准	1、若质量标准要求比合格标准高，可否实现？可否有奖励和罚款？	
			质量验收	1、不宜约定一次验收不合格将处以罚款（建议增加一次整改）。	

注：后续上表〉

注：续前《施工合同主要风险条款评审表》

序号	合同主要条款摘要		合同条款评审标准		合同条款具体评审意见
4	合同计价条款		按定额计价	1、计价定额、计价办法、计费程序表是否详细明确？ 2、人、材、机价格的确定是否明确？ 3、甲供材料、甲指乙供材料不参与总价下浮？ 4、总包配合费的计取是否明确？	
			非定额计价	1、总价包干计价时，承包内容及范围与总价包干所包含的范围是否一致？ 2、综合单价和综合合价调整的因素及范围是否明确（人、材、机的调差）？ 3、承包人风险范围以外的合同价款的调整方式是否明确？ 4、设计变更及工程签证的计价方法是否明确？	

注：后续上表〉

ZTQJ-FW-05

注：续前《施工合同主要风险条款评审表》

序号	合同主要条款摘要		合同条款评审标准		合同条款具体评审意见
5	工程付款条款		时间限定	1、承包人提交进度款申请报告的时间是否明确? 2、发包人审核进度款申请报告的时间是否明确？是否有逾期审核视为认可的条款? 3、发包人审核完申请报告后付款的时间是否明确? 4、结算款的付款时间是否明确? 5、保修款的付款时间是否明确?	
			付款条件	1、是否有付款附加条件，附加条件是否苛刻? 2、工程施工过程中的设计变更、签证等费用支付是否明确?	
			付款水平	1、月进度付款比例不宜低于75%; 2、若按形象进度付款，付款间隔周期不宜超过两个月且比例不宜低于80%; 3、对于新业主，工程竣工验收合格后支付工程价款不宜低于合同总价的85%。	
6	结算条款		时间限定	1、提交结算资料的时间是否明确? 2、业主审核（含监理审核）结算资料的时间是否明确？是否有逾期未给予确认或未提出修改意见视为认可? 3、是否有约定结算期？且结算期不宜超过6个月。	

注：后续上表〉

注：续前《施工合同主要风险条款评审表》

序号	合同主要条款摘要		合同条款评审标准		合同条款具体评审意见
7	乙方违约条款		工期违约	1、是否有节点延误罚款？且违约金不宜超过2万/天。 2、是否有总工期延误违约？ 3、是否有工期违约罚款上限？ 4、是否有总工期不延误时，退还节点罚款？	
			质量违约	1、对于高于合格标准的质量要求，未达到要求时，罚款是否严重？ 2、是否有质量违约罚款最高限额？	
			其他违约	1、是否存在其他很离谱的违约责任？（如：其他性质的违约造成100万元以上的经济处罚，或无条件退场，或不予结算，或按一定比例（低于100%）结算）	
8	甲方违约条款		延误付款违约	1、是否有发包人未按合同约定付款的违约责任？	
9	履约保函、保证金		时间限定	1、退还保函、保证金的时间是否明确？	
			额度	1、保函额度不宜超过合同总价的5%，保证金额度不宜超过500万元人民币。	

注：后续上表〉

注：续前《施工合同主要风险条款评审表》

序号	合同主要条款摘要		合同条款评审标准		合同条款具体评审意见
10	停建、缓建条款		工期补偿	1、对于非承包方原因的停建、缓建，是否有工期补偿?	
			费用补偿	1、对于非承包方原因的停建、缓建，是否有费用补偿?	
11	相关承诺		放弃承诺	1、业主是否要求承诺放弃使用优先受偿权; 2、业主是否要求承诺放弃任何性质的索赔。	

单位工程开工申请报告

<table>
<tr><td>工程名称</td><td colspan="5"></td></tr>
<tr><td>建设单位</td><td colspan="2"></td><td>施工单位</td><td colspan="2"></td></tr>
<tr><td>监理单位</td><td colspan="2"></td><td>设计单位</td><td colspan="2"></td></tr>
<tr><td>结构类型</td><td colspan="2"></td><td>工程地址</td><td colspan="2"></td></tr>
<tr><td>预算造价</td><td></td><td>合同工期</td><td></td><td>申请开工日期</td><td></td></tr>
<tr><td colspan="3">资 料 与 文 件</td><td>具 备 情 况</td><td colspan="2"></td></tr>
<tr><td colspan="3">施工组织设计或施工方案审批情况</td><td colspan="3"></td></tr>
<tr><td colspan="3">施工图纸会审（会审时间）</td><td colspan="3"></td></tr>
<tr><td colspan="3">现场“三通一平”及临时设施满足施工情况</td><td colspan="3"></td></tr>
<tr><td colspan="3">主要材料、施工机械设备落实情况</td><td colspan="3"></td></tr>
<tr><td colspan="3">施工工作面的移交情况</td><td colspan="3"></td></tr>
<tr><td colspan="3">发包人直接发包的上道工序的验收情况</td><td colspan="3"></td></tr>
<tr><td colspan="3">办理施工许可证</td><td colspan="3"></td></tr>
<tr><td>备注</td><td colspan="5"></td></tr>
<tr><td>申报单位</td><td>施工单位：（盖章）
项目经理：
年 月 日</td><td>监理单位</td><td>审查意见：
项目监理机构：（盖章）
总监理工程师：
年 月 日</td><td>建设单位</td><td>审查意见：
（盖章）
项目负责人：
年 月 日</td></tr>
</table>

ZTQJ-FW-07

工程联系单

工程名称：………工程　　　　编号：……

<table>
<tr><td>致：…………公司（建设单位）
主题：关于………工程开工时间的顺延事宜
内容：关于业主（或监理）发送的开工令，……工程从…年…月…日开始计算工期。但根据现场实际情况，尚未提交经审图认可的施工蓝图（或未完成“三通一平”，或未完成…部位的工作面的移交工作，或业主直接分包的桩基工程未完成并通过验收或未办理施工许可证等），导致我司无法正常施工………
专发此函，要求开工时间顺延至……事项结束（或顺延至…年…月…日）
顺颂
商祺
单位：
日期：</td></tr>
<tr><td>监理单位意见：
单位（签章）：
日期：</td></tr>
<tr><td>建设单位意见：
单位（签章）：
日期：</td></tr>
</table>

建设单位签收人：_____　职务：______　　签收日期：___年___月__日

工期顺延申请表

工程名称：………工程　　　　编号：……

致：…………公司（建设单位）

主题：关于………工程的工期顺延事宜

内容：根据施工合同第…条的约定，由于停电（或下暴雨达…毫升，或设计变更，或增加工程量，或迟延支付进度款，或建设单位直接指定分包工程延误等）原因，我司申请工期顺延___天，请予以批准。

附件：1、工期顺延的依据及计算

（1）工期延期的依据：根据施工合同第…条的约定…

（2）工期计算：

2、证明材料

（1）施工合同第…条

（2）编号…的设计变更通知单、工程联系单等

单位：

日期：

监理单位意见：

单位（签章）：

日期：

建设单位意见：

单位（签章）：

日期：

建设单位签收人：_____　职务：______　签收日期：___年___月__日

补充协议

发包人（全称）：…………公司

承包人（全称）：…………公司

工程名称：…………工程

根据《中华人民共和国合同法》及相关法律、法规规定，发、承包人双方在平等协商的基础上，就…工程的竣工时间（或…工程…栋工期节点）达成如下一致条款：

1、为明确下一阶段的工作计划，结合工程的实际情况，…工程的竣工时间（竣工验收合格日期）变更为…年…月…日。

……

……

4、本协议一式两份，双方各执一份，自双方盖章之日起生效。

5、本补充协议与…年…月…日签订的《建设工程施工合同》有冲突的，以本补充协议为准。

发包人（公章）：

日期：

承包人（公章）：

日期：

工程移交记录

工程名称	
建设单位	
施工单位	
监理单位	
工程移交范围	
工程移交时间	

应建设单位的使用要求，施工单位将本工程移交给建设单位。本工程尚未完成竣工验收，工程照管责任从工程移交之日起由建设单位负责。

（施工单位盖章）

年　月　日

建设单位意见：

（建设单位盖章）

年　月　日

工程进度款申请报告

工程名称：………工程　　　　编号：……

致：…………公司（建设单位） 主题：关于支付………进度款事宜 内容：我方已完成____________工作，根据施工合同第…条，贵司应在____年___月___审核完毕，并在___年___月___日前支付本期工程进度款共计(小写)______元（大写:_______元），请予以审核。 单位： 日期：　年　月　日 附件：1、工程量清单； 2、施工（周）月报； 3、……			
完成工程形象进度	本次申请金额	累计已付金额	备注
监理单位意见： 单位（签章）： 日期：			
建设单位意见： 单位（签章）： 日期：			

建设单位签收人：_____　职务：______　　签收日期：___年___月__日

ZTQJ-FW-12

工程联系单

工程名称：………工程　　　　编号：……

致：…………公司（建设单位） 主题：关于及时支付工程进度款事宜 内容：　年　月　日我司提交进度款申请报告，贵司在　年　月　日审核进度款金额为　元。依据施工合同第…条，贵司应在 年 月 日前支付进度款，但并未按合同约定的时间支付进度款，导致我司无法正常施工。为保证工程顺利施工，特专发此函： 1、请贵司于 年 月 日前支付工程进款　元； 2、要求工期顺延从拖欠进度款之日起至本期进度款支付完毕之日计算。 顺颂 商祺 单位： 日期：
监理单位意见： 单位（签章）： 日期：
建设单位意见： 单位（签章）： 日期：

建设单位签收人：_____　职务：______　　签收日期：___年___月__日

停工通知书

工程名称：………工程　　　　　　　　　　　　　　　　　　　　　函号：……

致：…………公司（建设单位）

主题：关于………工程的停工告知事宜

内容：…年…月…日，贵我双方就…工程签订建设工程施工合同。在合同履约的过程中，我司一直严格按照合同的约定履行各项义务，而贵司却多次拖延支付工程进度款，目前已累计…元，导致我司无法正常施工。年 月 日，我司已就拖欠进度款事宜向贵司发送 号工程联系单，但贵司依然置若罔闻。

现专此函告，我司将于…年…月…日停工，在停工期间所产生的人员、机械、材料设备等相关的经济损失由贵司承担，请予以妥善处理为感。

顺颂

商祺！

单位：

日期：

附件：拖延支付进度款一览表

建设单位签收人：_____　职务：______　　　签收日期：___年___月__日

备注：可通过EMS邮寄或邮寄公证送达。

合同解除通知书

工程名称：………工程　　　　函号：……

致：…………公司（建设单位）

主题：关于解除…建设工程施工合同的通知事宜

内容：…年…月…日，贵我双方就…工程签订建设工程施工合同。在合同履约的过程中，我司一直严格按照合同的约定履行各项义务，而贵司却多次拖延支付工程进度款，目前已累计…元，导致我司无法正常施工。年 月 日，我司已向贵司发送 号《停工通知书》，但贵司依然置若罔闻。

现专此函告，我司依法行使合同解除权，一切法律后果将由贵司承担。

顺颂

商祺！

单位：

日期：

附件：

1、《工程联系单》（催款函）

2、《停工通知书》

建设单位签收人：_____　职务：______　　签收日期：___年___月__日

备注：可通过EMS邮寄或邮寄公证送达。

ZTQJ-FW-15

工程结算资料报送回执

<table>
<tr><td colspan="2">工程名称</td><td colspan="5"></td></tr>
<tr><td colspan="2">工程地点</td><td colspan="5"></td></tr>
<tr><td colspan="2">建设单位</td><td colspan="5"></td></tr>
<tr><td colspan="2">施工单位</td><td colspan="5"></td></tr>
<tr><td rowspan="11">结算书目录</td><td>序号</td><td>内　容</td><td>册（套）数</td><td>页数/份数</td><td>造价（元）</td><td>备注</td></tr>
<tr><td>1</td><td></td><td></td><td></td><td></td><td></td></tr>
<tr><td>2</td><td></td><td></td><td></td><td></td><td></td></tr>
<tr><td>3</td><td></td><td></td><td></td><td></td><td></td></tr>
<tr><td>4</td><td></td><td></td><td></td><td></td><td></td></tr>
<tr><td>5</td><td></td><td></td><td></td><td></td><td></td></tr>
<tr><td>6</td><td></td><td></td><td></td><td></td><td></td></tr>
<tr><td>7</td><td></td><td></td><td></td><td></td><td></td></tr>
<tr><td>8</td><td></td><td></td><td></td><td></td><td></td></tr>
<tr><td>9</td><td></td><td></td><td></td><td></td><td></td></tr>
<tr><td>10</td><td></td><td></td><td></td><td></td><td></td></tr>
<tr><td>具收意见</td><td colspan="6">贵司送交的…工程的结算资料目录所列内容（包括结算报告及结算资料），符合合同要求及我司要求，资料齐全，我单位已于 年 月 日全部收到。

具收单位（现场代表）：</td></tr>
</table>

此件一式二份，报送单位与具收单位各执一份。

工程联系单

工程名称：………工程　　　　　　　　　　　　　　　　　　　　编号：……

致：…………公司（建设单位） 主题：关于………进场的书面确认事宜 内容：…年…月…日，接到贵司现场工程师…的口头通知，要求我司于…月…日进场搭设临时设施…… 专发此函，请贵司书面确认。 顺颂 商祺 单位： 日期： 附件：《…工程进场报告》
建设单位意见： 单位（签章）： 日期：

建设单位签收人：_____　职务：______　　　　签收日期：___年___月__日

ZTQJ-FW-17

索赔意向书

工程名称：………工程　　　　编号：……

致：…………公司（建设单位） 主题：关于………工程迟延开工的索赔事宜 内容：应……公司（业主）要求，我司于…年…月…日进场，但由于……原因，一直无法正常开工。根据建设工程施工合同…条，我司特提交索赔意向书，因工程无法开工所导致的工期损失及经济损失，由贵司承担。 专发此函，请予以妥善处理为感。 顺颂 商祺 单位： 日期：
建设单位意见： 单位（签章）： 日期：

建设单位签收人：_____　职务：______　　　签收日期：___年___月__日

备注：可通过EMS邮寄或邮寄公证送达。

ZTQJ-FW-18

索赔报告

工程名称：………工程 函号：……

致：…………公司（建设单位）

主题：关于………工程迟延开工的索赔事宜

内容：…年…月…日，我司就…工程迟延开工的索赔事宜发送索赔意向书。根据建设工程施工合同…条，我司特提交索赔报告及相关证明材料。我司要求经济索赔……元，工期顺延至……。

专发此函，请予以妥善处理为感。

单位：

日期：

附件：

1、索赔意向书；

2、工程联系单、进场报告；

3、……（现场人、材、机数量的证明材料）

建设单位意见：

单位（签章）：

日期：

建设单位签收人：_____ 职务：______ 签收日期：___年___月__日

备注：可通过EMS邮寄或邮寄公证送达。

ZTQJ-FW-19

工程联系单

工程名称：………工程　　　　函号：……

致：…………公司（建设单位）

主题：关于施工……签证工程的书面确认事宜

内容：…年…月…日，接到贵司现场工程师…的口头通知，要求我司施工……签证工程，特专发此函，请贵司书面确认上述事实。

顺颂

商祺

单位：

日期：

建设单位意见：

单位（签章）：

日期：

建设单位签收人：_____　职务：______　签收日期：___年___月__日

经济签证单

工程名称：………工程　　　　编号：……

工程名称			
建设单位			
施工单位		监理单位	
签证事项			
签证内容	附件： 1、…工程指令单、 2、…工程联系单； 3、…设计变更通知单； 4、工程量计算方法； 5、……		
申报价格			

施工单位	意见： 单位： 项目经理： 日期：	监理单位	意见： 单位： 项目经理： 日期：	建设单位	意见： 单位： 项目经理： 日期：

建设单位签收人：_____　职务：______　　签收日期：___年___月__日

ZTQJ-FW-21

索赔报告

工程名称：………工程　　　　函号：……

致：…………公司（建设单位）

主题：关于………工程停工索赔事宜

内容：…年…月…日，因………导致工程停工，至…年…月…日恢复施工。…年…月…日，我司已就…工程停工索赔事宜发送索赔意向书。根据建设工程施工合同…条，我司特提交索赔报告及相关证明材料，要求索赔经济损失……元，工期顺延至……。

专发此函，请予以妥善处理为感。

单位：

日期：

附件：

1、索赔意向书；

2、停工通知书、停工令；

3、施工周报或施工月报（需列明每周或每月人、才、机情况并报批，做好签收记录）

4、……（现场人、材、机数量的其他证明材料）

建设单位意见：

单位（签章）：

日期：

建设单位签收人：_____　　职务：______　　签收日期：___年___月__日

备注：可通过EMS邮寄或邮寄公证送达。

工程联系单

工程名称：………工程　　　　　　　　　　　　　　　　　　　　　　函号：……

致：…………公司（建设单位） 主题：关于…设计有缺陷（或贵司供应、贵司指定…材料不符合强制性标准、或贵司直接（指定）分包工程质量不合格）事宜 内容：在施工过程中，我司发现贵司提供的…设计有缺陷（或贵司供应或贵司指定购买的…材料在检测过程中不符合国家强制性标准、或贵司直接分包的…工程…工程质量不合格），上述事宜已严重影响到我司后续施工，并危及到工程质量…… 特此函告，请贵司高度重视并妥善处理，否则所造成的工程质量问题与我司无关。 单位： 日期：
建设单位意见： 单位（签章）： 日期：

建设单位签收人：_____　　职务：______　　　　　　　　签收日期：___年___月__日

劳动合同签订登记表

项目部名称：　　　　　　　　　　班组名称：　　　　　　　　工种：

编号	姓名	是否签劳动合同		备注
		是	否	
1			（　）本人拒绝签订劳动合同，公司不存在过错。 签名：	1.本人已知悉公司的规章制度和本人的工作内容、工作条件、工作地点、职业危害、安全生产状况、劳动报酬； 2.本人已收到劳动合同一份； 3.本人身体健康，不存在先天疾病。 签名：
2			（　）本人拒绝签订劳动合同，公司不存在过错。 签名：	1.本人已知悉公司的规章制度和本人的工作内容、工作条件、工作地点、职业危害、安全生产状况、劳动报酬； 2.本人已收到劳动合同一份； 3.本人身体健康，不存在先天疾病。 签名：
3			（　）本人拒绝签订劳动合同，公司不存在过错。 签名：	1.本人已知悉公司的规章制度和本人的工作内容、工作条件、工作地点、职业危害、安全生产状况、劳动报酬； 2.本人已收到劳动合同一份； 3.本人身体健康，不存在先天疾病。 签名：
4			（　）本人拒绝签订劳动合同，公司不存在过错。 签名：	1.本人已知悉公司的规章制度和本人的工作内容、工作条件、工作地点、职业危害、安全生产状况、劳动报酬； 2.本人已收到劳动合同一份； 3.本人身体健康，不存在先天疾病。 签名：